Momentos

Maria de Lourdes Alba

Momentos

© Maria de Lourdes Alba, 2024
Todos os direitos desta edição reservados à Editora Labrador.

Coordenação editorial PAMELA OLIVEIRA
Assistência editorial LETICIA OLIVEIRA, JAQUELINE CORRÊA
Projeto gráfico, diagramação e capa AMANDA CHAGAS
Preparação de texto RENATA ALVES
Revisão CARLA SACRATO
Imagens de capa GERADAS VIA PROMPT MIDJOURNEY E FIREFLY

Dados Internacionais de Catalogação na Publicação (CIP)
Angélica Ilacqua CRB-8/7057

ALBA, MARIA DE LOURDES
   Momentos / Maria de Lourdes Alba. – 1. ed.
   São Paulo : Labrador, 2024.
   72 p.

   ISBN 978-65-5625-513-2

   1. Poesia brasileira I. Título

24-0081   CDD B869.1

Índice para catálogo sistemático:
1. Poesia brasileira

Labrador

Diretor-geral DANIEL PINSKY
Rua Dr. José Elias, 520, sala 1
Alto da Lapa | 05083-030 | São Paulo | SP
contato@editoralabrador.com.br | (11) 3641-7446
editoralabrador.com.br

A reprodução de qualquer parte desta obra é ilegal e configura uma apropriação indevida dos direitos intelectuais e patrimoniais da autora.
A editora não é responsável pelo conteúdo deste livro.
Esta é uma obra de poesia. Apenas o autor pode ser responsabilizado pelos juízos emitidos.

Sumário

Chuva 9

Dor de cabeça 10

Igreja 11

Lembranças 13

Sermão 14

Rumo 15

Agenda 16

Mulher 17

Meus dizeres 19

Não sei 21

Rede rendeira 22

Lágrimas 23

Arco destino 24

Amores 25

Íntimo 27

Condenado	28
Agosto	30
Pensamento	33
Dor	34
Ideia escrava	36
Celeste	37
Desespero	38
Terceira idade	39
Amor	40
Além	41
Distância	43
Angústia	44
Adeus	46
Abajur	47
Anos	48
Versos	49
Trabalho	50
Par	51
Saber	52
Lençóis	53
Dunas	54
Sem medo	55
Rio	56
Tais	57
Estrela	58

Rede	59
Erotismo	60
Amor antigo	61
Morte	62
Noite	63
Estar	64
Estrelas	65
Perdição	66
Tarde	67
Captei	68
Tudo em paz	69

Chuva

Para que eu possa sentir a chuva
Tenho que me molhar
Ficar ensopada
Para senti-la

Com que beleza me deparo
Hoje
Com esta chuva forte que cai
E lava   lava   lava tudo

As árvores se agitam
As plantas sorriem
A calçada refresca

E ela vem mansa e forte
Nos alimentar a alma
Matar-nos a sede
Aliviar os pensamentos
Cobrir-nos de paz

Dor de cabeça

Esta dor de cabeça me aflige a memória
Não consigo pensar e me lembrar de nada
Pega-me   atazana-me   lateja
Lateja pulsante no corpo e na alma

Ai! Que dor de cabeça
Ai! Que o sol aqueceu meus miolos
E agora me atormenta

Nesta dor sem fim

Ai! Esta dor em mim
Ai! Esta dor que não passa
Ai! Esta dor sem fim

Igreja

A igreja defronte à praça
Me trouxe a lembrança de ti
Num repente
Te vi à minha frente
A subir as escadarias
À procura de Deus

A buscar a bênção e a paz
Me sentei no banco da praça
A observar o sino   a cruz
Os transeuntes
A esperar você sair
E poder me ver

Mas
O tempo passara
A tarde chega   escurece
Você não sai

Os sinos tocam
As pessoas entram na igreja
Te espero
Você não sai

A noite chega
A missa acaba
As pessoas se retiram
A igreja fecha
Você não sai

Não
Você não sai

Como poderia esperar você sair
Se você não entrou
Se você está sabe Deus onde
Neste mundo afora
Nesta cidadezinha talvez
Você não volte nunca mais

E eu a te esperar
A te amar
Sempre aqui
Neste mesmo lugar

Lembranças

Tuas lembranças são como a pétala de uma flor
O teu desejo de amor
O passado se esvaiu
E nem saudades deixou

Deixou lembranças
Tristes e sombrias
Que me obrigam a abrir a sombrinha
Quando elas vêm
Molhar os meus pensamentos

Estas lembranças sofridas
Que as mágoas ainda hoje
Me afogam o peito
Não há distância
Não há o correr dos anos
Carregarei comigo
Quando eu me for

Sermão

Carrapicho
Duende
Capricho
Doente
Carinho
Dente
Carrinho
Parente

Missa   ão

Rumo

Esta chuva fez o frescor
Das tardes serenas
O ar fresco se fez em vento
Relembro o tempo
Meu bom tempo

O vento
O cabelo esvoaça em canto
Encanto
Que teu ser em tua tarde
Retorna

O caminho a seguir
Perseguir
Rumo a incontestáveis segredos
Que só a estrada lhe dirá

Agenda

Agenda
Amena
Correia
Solteira
Menina
Bonita
Não saia da teia
Não tema a meia
Agenda menina solteira
Bonita menina amena
Não saia da teia
Correia
Menina sem pena
Menina solteira
Solteira menina
Apenas agenda

Mulher

Abrir-se ao ginecologista

Ah! Mulher!
Que sina a sua
Protagonista do nascer de filhos

Ser mãe
Ser tia
Ser filha
Ser tudo
Ser nada

O ser do nada
És tu mulher
Que és enganada
Pelos homens
Pelas mulheres

És esquecida nas decisões
Brilhas nas festas
Como os cristais e adornos
Delas

Oh! Mulher que destino nos mostras
Em teus olhos teus olhos
Teu fracasso
Teu fracasso
Teu fracasso

Que se redime
Quando desabrocham
De ti
Novas vidas
Ou quando com os dedos
Sustentam em carícias

Meus dizeres

Meus dizeres
A chuva meus dizeres
Meus canteiros a molhar
A grama a brotar
Meus dizeres

Em meus sonhos
Passageiros
Em minh'alma
Leviana
Cada gota   cada gota
Esta chuva a molhar
A terra cheirosa
Há de ficar

Nestes tempos meus tempos
Meus dizeres meu dia a dia
As amarguras se dissipam na chuva
A saudade se vai ao infinito

Tuas dores teus amores
O teu corpo em harmonia

Como a chuva chove meu íntimo
Como a chuva descarrega energias
Os trovões atormentam amedrontam
Me distanciam de mim

Teu ser perdido
Nas profundezas idas
Teus dizeres
Não me comovem mais
Meus dizeres
Me levam ao Adeus

Não sei

Não sei como aconteceu
Aconteceu
Te amei

Tua sensibilidade teu jeito
Não me saem do pensamento
Surgiste de onde não sei
Não sei   só sei que te amei

Desabrochou em flor
Um sentimento que sobrepôs
Rapidamente em novo amor

Não sei como te amei de repente
Não sei

És puro sentimento em flor
És carinhoso bondoso
Me tratas como a uma princesa

Cativaste aquilo que não supunhas
Floresceu você em minha alma
Que posso fazer? Não sei

Não me desespero com tal sentimento
Ele nasceu só e puro
Não o construí
Surgiu e desabrochou
Não o domino
És o mais novo amor que em mim brotou
E desabrochou

Rede rendeira

renda
        rede
                sede
                        sempre
                        sempre
                sede
        rede
renda

rendeira   tece   renda
rede   sempre renda
cede   rendeira
rendeira   sê-de (ser)
                sempre

Lágrimas

Lágrimas gotas que pingam
Sem que chamem o coração
Repentes que deságuam
Na imensidão

Transcorrem perdidos sentidos
Jaz no tempo passageiro
Sufocos que aliviam
Descarregam o coração

Arco destino

O arco da vida
Que traz em seu cilindro
A redoma da Terra envolvida
Em vida

É o arco do destino
O arco do sentido
Arcados em praças
Em pontes de rios
Correntes divagam

Em arcos

A vida arcada em destino
Sofrido feliz sentido
A vida arcada
Em aros
Arcos destinos

Amores

Cargueiro ambulante
Carreira pensante
Desatina em sombras volantes
A vida em campos fertilizantes

Amargura sem armadura
Dores em cores de flores
Presságio de mau agouro
Tarde com flores em espinhos

O sol a pino clareia teus olhos
Olhares em calor abundante
O suor de um campo de labuta
Refresca teu cansaço teu olhar

Carregas num pranto um desejo
Um sorriso desalento
O corpo a alma verdejante
Tua vida irradiante

Em flores
Em odores
                    Amores

Os poemas são as mais belas formas
de expressão das letras em seu contexto.

Íntimo

Carrega o ponto sofrido
Na cicatriz da vida
Passado morto no íntimo
As dores de um tempo sofrido

Condenado

Se a prisão te condena
O julgamento o fez
Condena a viver condenado
Atrás das grades o espaço

O insensível do teu ser
Que no gozo da morte sorriu
Ao ver o sangue escorrer
Da vítima que o fez

Tiraste a vida do pobre
Que era a única riqueza que possuía
Condenaste aquela família
Ao sofrimento eterno

Que de tantas alegrias tiveste
Ao dar cabo daquela vida
Sorriste e sentiste forte como nunca

Agora reclamas de quê?

A vítima que fizeste vítima
Não intimida o teu sofrer
Tão falso e insensível como teu ser
O remorso não o tem

Não me cabe te julgar
A justiça já o fez
Cabe a ti não incomodar
Agora a prisão é teu lar

Se a vida não serve para sorrir, para que mais há de servir?

Agosto

Agosto mês de desgosto
De cachorro louco
De lobisomem

Mês das taras e dos tarados
Mês dos bêbados e dos embriagados
Mês do malandro e do safado

Ah! agosto   quanto desgosto
Quanto azar quanta desgraça
Quanta maldade   quanta agonia
Em agosto

Se não houvesse agosto
Não teriam o gosto
Da fadiga do desespero
Do desgosto

Ah! agosto
Agosto a teu gosto
Que falta de gosto
De desalento
Em agosto

O que fazer ao abraçar a garrafa vazia,
se não senti o gosto da bebida ao me embriagar?

Te amar foi uma bênção de Deus
abaixo de teu olhar.

Pensamento

O pensamento é o vento
Voa na imensidão
Viaja   sonha   dança
Em nossa imaginação

O pensamento é volaz
Volátil   delirante
Faz da vida o acordar
Em sorrisos e beijos vem a sonhar

Dor

Poemas cabem em tua boca
Amor em teus olhos descabe
Sentimento perverso
Amor estúpido
Estúpido amor

Maltratas sem perceber
Autoridade pra quê?

Amor não combina com tortura
Desanda
Guarda para ti teu amor
Não compartilho com dor

Se me amas tanto quanto dizes, onde estás que não te vejo mais em meu caminho?

Ideia escrava

Viver para o trabalho
É ideia escravocrata
Eu escravocrata sou
Sim eu sou

Celeste

Imagino o Celeste
Que tão pouco sabemos
Onde os humanos
Com suas pesquisas
Buscam objetos no espaço
Como se fossem necessários

Exploram e invadem
Como se estivessem em casa
Fincam bandeiras símbolos de poder
E tomam posse do que não é deles

Oh! Pobres terráqueos
Quando é que irão
Se voltar
Para o mundo em que vivem?

Desespero

O desespero
Ah! Que peso
Não tem preço
Tamanha dor

O desespero
Confrange mata
Sofre mostra
Cruel de maldade

Terceira idade

A terceira idade é barco à deriva
Que a chuva vem a molhar
A brisa a refrescar
Sempre a oscilar

Cada dia mais um dia
Estamos a agradecer
A Deus um pouco mais
Por aqui poder ficar

Aproveitar ao máximo
O que na vida deixou para depois
Cada dor cada fraqueza

A vida está te largando
A morte está te chamando

O fim quem sabe mais tarde
O tempo virá resgatar

Amor

Ouvi uma música
Que falava de amor
De amor de ti lembrei
Sem amor não viverei

Passaste como uma brisa suave
Pelo caminho a esboçar sorriso
Meu coração palpitou

Jamais de ti esquecerei
Que um dia foste meu
Teu corpo eu incorporei

Tua alma na minha sonhei

Além

O passado fustigado
O presente tão ausente
O espaço destroçado
Do desabafo

A morte te levou
Te carregou além do além
A volta não mais será
Mas teus desejos aqui ficaram

Não há como satisfazê-los
Tu te foste
Teus sonhos aqui deixaste
A tristeza me acolheu
Neste fustigado passado
                      Adeus

O autoritarismo é parceiro da ditadura.

Distância

A distância se faz distante
O pensamento aproxima
A saudade no meu peito
São flores que ainda perfumam

Teu sorriso meu infinito
O mundo acolhe em solidão
Desejos nem sei se desejo
Tua presença é imensidão

Um toque um olhar um carinho
Preenchem mais que a relação
Se tu fores o protagonista
De toda a minha ilusão

Teu olhar não me sai do pensamento
Noite e noite me alucina
Teu sorriso a sorrir
Faz a minha vida florir

Angústia

A angústia que te mata
Me mata
Sacode em tormentos
Respinga em lágrimas

A tristeza assola
Camadas de desespero
Em mortos vivos vivos mortos
O fim antes do começo

Angústia que traz angústia
No peito solene mágoa
Destrói ruas e praças
Dentro da alma
Fecundo rio de lágrimas

O dia em que deixar de te amar, deixarei de viver.

Adeus

Uma partida sem chegada
Uma vida sem fronteiras
Um adeus à fecundidade
A vida se foi nem senti

Abajur

O abajur ilumina
Nossa noite de amor
Dois corpos flutuantes
Dão sombra à parede
E valsam duas vezes

O abajur ilumina
O carinho duplica
São formas que os corpos moldam
Projeções de íntimo visual

Se faz e se assiste ao mesmo tempo
A sombra é das mesmas pessoas
O que difere é o som
Uma sombra é mais discreta
Silenciosa e valsa mais leve
No reflexo da parede
Distorce
Ela tem vida
O abajur ilumina
A visão impressionista
Do bailar do amor

Anos

Doze são a dúzia
Treze são anos de casado
Que passaram

Que vivi
Nem sei como vivi
Vivi treze
Mais que dúzia
De casado

Versos

Coroando os versos platônicos
Platons se formam ao acaso
Nos teus lábios os versos mais suaves
No teu corpo o perfume perfumado

A vida se faz presente
Em amores diários
A felicidade nos traz à tona
A alegria de viver em harmonia

Se tristezas deixar passar
Passado que tanto atormentava
Fecha as portas as torneiras
Faço parte do presente
Parto para o futuro

Se para ti versos fiz em harmonia
Se te quero tão bem que só bem te desejo
Tu fazes parte vivente em meu pensamento
Te fazes presente em minha alegria
Em meu viver

Trabalho

O suor te faz suado
Teu corpo molhado
O trabalho te esgota
Esgotado na honestidade
Presente em teu labutar

Tu te esgotas
Tu não folgas
Tu és humano
Tal os animais na natureza
Tal qual

Mais tarde vais te banhar
Vais tirar o que o suor deixou
Mas tuas feições por mais alegre
Mostram demostram o cansaço
Do trabalho pesado

Tu és um herói vivente
Leva o corpo à exaustão
De consciência tranquila
Do dever cumprido
Em mais um dia

Par

Partiu
      Partido
            Locomotiva
                    Espera
                        Estação
                              Ao longe

Adeus

Saber

A psicologia do saber
Está em cada ser

O arco-íris da cultura
Se reflete em cada estrutura

O ser pensante tem direito
À cultura à doutrina

A cultura é eterna

Lençóis

Dunas que movem lençóis
Debaixo água pura
Calor escaldante
Beleza deslumbrante
Retrato do Brasil

Dunas

No alto das dunas
Visão deslumbrante
Paraíso ao longe
Miragem alucinante

Sem medo

Não tenhas medo
Extravase sentimentos
Sensações desejos
Não tenhas medo

Rio

Na foz
Mar e rio se olham
Um recebe o outro
Braços da natureza

Cada qual sua função
Desemboca
É sua missão
Natureza tão bela
Vive a harmonia perfeita

Tais

Castiçais
Cristais
Desejos tais

A brisa
Saia justa
Suaviza

Lares
Viagens
Colares

Pés
De pé
Em pé

Castiçais bebem
Ao sabor
Dos cristais

Estrela

Estrela guia
Estrela minha
Estrela estrelada
Em estrelismo

Rede

Ao balançar da rede
Seus olhos me penetram
Alívio derradeiro da alma
Do poeta a suspirar

Erotismo

A volúpia seca a angústia
De um tremendo lamentar
Alivia a alma
Quando não veem a falhar

São ventos que veem
A alma aliviar
O corpo relaxar
E o sentir amada vir a respirar

Amor antigo

Se nesta manhã custo a levantar
Lembro de ti   me encolho
Por este sentimento sofro
Te amo meu velhaco

Talvez fostes meu pai
No inconsciente perdido
Talvez estes anos que nos separam
Sejam o fato ingrato

Guardo esse amor como um segredo
Inviolável
Que na mocidade expôs
Tua velhice meu coração alvitrou

Tão puro   tão imenso   tão meu
Me invade o íntimo
Ao te ver sofrer
Meu sentimento
O amor fez florescer

Nesta imensidão que invade corpo e alma
Neste sobrepor que me impede de pensar
Vejo-te em meu pensamento a bailar
Não há   não há como disfarçar

Morte

A hora da morte
Chegou
A certeza do fim dos dias
Chegou
Os amigos mortos já se reúnem
Ao redor do meu leito
Estou indo embora
Chegou a hora

Noite

A noite sorri
Silenciosa
Saber que você me ama
Me deixa mais carinhosa

Estar

O aparato da distância
Que tanto nos aproxima
Inferniza nossos traços nossos lares
Símbolos de angústia

De terror o corpo se cobre
Encobre de desamparo sem rumo
Olhos arregalados vida amargurada
Opressão sem sentido

Sentido em teu estar

Estrelas

As estrelas o céu habitam
São amores passados
Vem me iluminar

Clareiam a noite sombria
Embelezam o meu mundo
Catalisam o meu viver

Perdição

Em teu olhar
Perdi meu olhar
Ele me consumiu
Desintegrou

Levou às longuras
Às alturas
Me perdi

Dentro de mim me perdi
Pelo teu olhar

Tarde

No passaporte das tardes
Os pobres
Nem sempre podem passar

No alvorecer dos tempos
Somente os ricos tendem
A vislumbrar

Nem sei mais se todas as tardes são tardes ou apenas de tarde, nem sei se o céu está no mesmo lugar todo dia para todos, sei lá. Só sei que o tempo passa e voa e nos deixa molhados de suor, de sofrer, tardes e tardes de solidão, sem esperança, em vão. Tardes e tardes já de tarde sem eu, sem você, sem ninguém. O céu nos mata um pouquinho. Cada dia não passa de um dia a menos na escala da vida.

Tarde, já é tarde demais para se perceber que tudo já foi e nem eu mais fiquei.

Deixo-te aqui, tarde escola de vida, sem que não mais possa amanhecer, sem que não mais possa deixar de ser.

Nestas tardes já de tarde.

Captei

Captei um percurso bem longo. Curto não me interessa. Captei um caminho que eu realmente poderia seguir. Não poderia parar, pois parar era acabar. Portanto.

Segui, e encontrei José, jovem José meigo e doce, de apelido Zé, que passeava leve e tranquilo, sem se preocupar com nada, nem com ninguém. José tinha como ofício marceneiro, era um dos melhores, mas não apreciava trabalho, não.

Gostava mesmo era do bem bom.

Tudo em paz

Os pássaros cantam
As palmeiras balançam

Tudo em paz

O céu de brigadeiro
Infinito como a existência
Os brincos de princesa
A embelezar

Tudo em paz

Os jasmins a perfumar
A brisa vem refrescar
Meu mundo só de alegrias
A felicidade antes contida
A desabrochar

Tudo em paz

Como o sol a raiar
Neste dia tão límpido
Meu coração a sensibilizar
Como as borboletas
Nas flores a pousar

Tudo em paz

São poucos momentos
Que me põem a sonhar
Como as andorinhas a voar
E o beija-flor a beijar
O néctar das flores

Tudo em paz

E eu a sonhar
Meus pensamentos a bailar
Meu passado a recordar
Meu futuro a desejar
Meu presente a contemplar

Tudo em paz

No jogo da vida
Nas palmeiras que balançam
Nos pássaros que cantam

      Tudo em paz

FONTE Mrs Eaves XL Serif OT
PAPEL Pólen Natural 80 g/m²
IMPRESSÃO Meta